Weihnachten –

mein schönstes Fest

24 Gedichte und Gedanken
berühmter Persönlichkeiten

GROH

Es ist Advent

Die Blumen sind verblüht im Tal, die Vöglein heimgezogen;
Der Himmel schwebt so grau und fahl, es brausen kalte Wogen.
Und doch nicht Leid im Herzen brennt: Es ist Advent!

Es zieht ein Hoffen durch die Welt, ein starkes, frohes Hoffen;
Das schließet auf der Armen Zelt und macht Paläste offen;
Das kleinste Kind die Ursach' kennt: Es ist Advent!

Advent, Advent, du Lerchensang von Weihnachts Frühlingstunde!
Advent, Advent, du Glockenklang vom neuen Gnadenbunde!
Du Morgenstrahl von Gott gesendt! Es ist Advent!

FRIEDRICH WILHELM KRITZINGER

Es gibt so vieles Schöne, Gute, Wahre;
wie bin ich dankbar, dass ich Mensch sein darf
und immer Neues solcher Art erfahre!

CHRISTIAN MORGENSTERN

Vor Weihnachten

Nun mag der Winter stürmen:
Man schätzt sein sichres Dach;
Mag draußen Schnee sich türmen:
Man wärmt sich im Gemach;
Man rückt bei Lampenschein
Bei des Kamines Flammen
Nur inniger zusammen
Im trauten Kämmerlein.

Und ob der Tag sich kürzet:
Man sitzt am Tisch im Kreis,
Den langen Abend würzet
Geplauder laut und leis;
Man träumt und flüstert sacht
Von tausend Herrlichkeiten,
Die heimlich sich bereiten
Im dunkeln Schoß der Nacht.

KARL GEROK

Nimm die Stille dieser Tage
in dein Herz auf und
bewahre sie wie einen Schatz
für die ruhelosen Zeiten.

CAROL ANN HIERL

Es gibt so wunderweiße Nächte

Es gibt so wunderweiße Nächte,
Drin alle Dinge Silber sind.
Da schimmert mancher Stern so lind,
Als ob er fromme Hirten brächte
Zu einem neuen Jesuskind.

Weit wie mit dichtem Diamantenstaube
Bestreut, erscheinen Flur und Flut,
Und in die Herzen, traumgemut,
Steigt ein kapellenloser Glaube,
Der leise seine Wunder tut.

RAINER MARIA RILKE

Wo Menschen aufeinander zugehen
und Versöhnung suchen, da ist immer
ein bisschen Weihnachten.

IRMGARD ERATH

Barbarazweige

Am Barbaratage holt' ich
Drei Zweiglein vom Kirschenbaum
Die setzt' ich in eine Schale:
Drei Wünsche sprach ich im Traum.

Der erste, dass einer mich werbe,
Der zweite, dass er noch jung,
Der dritte, dass er auch habe
Des Geldes wohl genug.

Weihnachten vor der Mette
Zwei Stöcklein blühten zur Frist. –
Ich weiß einen armen Gesellen,
Den nähm' ich, wie er ist.

MARTIN GREIF

Wie sich die Knospen des Barbarazweiges bis Weihnachten öffnen, so soll sich auch der Mensch dem kommenden Licht auftun.

JOHANN GEORG FISCHER

Altes Kaminstück

Draußen ziehen weiße Flocken
Durch die Nacht, der Sturm ist laut;
Hier im Stübchen ist es trocken,
Warm und einsam, stillvertraut.

Sinnend sitz ich auf dem Sessel,
An dem knisternden Kamin,
Kochend summt der Wasserkessel
Längst verklungne Melodien.

Und ein Kätzchen sitzt daneben,
Wärmt die Pfötchen an der Glut;
Und die Flammen schweben, weben,
Wundersam wird mir zumut'.

HEINRICH HEINE

Tiefe Gedanken
machen die Welt heller,
tiefe Gefühle machen sie
heller und wärmer.

ERNST FERSTL

Der Pelzemärtel

Die Winde sausen um das Haus,
Es stürmt daher der Winter.
Nun schaut Pelzmärtel Nikolaus
Nach euch sich um, ihr Kinder.
Da will ich sehen, was er sagt,
Wenn er nun Vater und Mutter fragt,
Ob ihr auch brav gewesen.
Horch! Kommt er nicht die Trepp' herauf?
Hört ihr nicht poltern und schnaufen?
Jawohl, er ist's! – Die Tür geht auf.
Ihr braucht nicht fortzulaufen
Und dürft auch nicht erschrecken
Vor Ruten und vor Stecken,
Sieht er auch gleich zum Fürchten aus!

FRANZ VON POCCI

Glöckchen klingt
von Haus zu Haus,
heute kommt St. Nikolaus!
Kommt durch Schnee,
kommt durch Wind,
kommt zu jedem
braven Kind.

Adventslicht

Ich bin das Lichtlein, das erwacht
In der dunklen Winternacht.
Die Menschen gingen so gebückt;
Doch als das Lichtlein sie erblickt,
Da wussten sie: es kommt die Zeit,
Da werden alle Herzen weit,
Und alle Augen werden hell,
Und alle Füße laufen schnell;
Denn mitten aus dem Winterleid
Ersteht die liebe Weihnachtszeit.

AGNES HARDER

Weihnachten ist nicht nur da,
wo Lichter brennen, sondern überall dort,
wo wir die Welt ein wenig heller machen.
IRMGARD ERATH

Wintertag

Über schneebedeckter Erde
Blaut der Himmel, haucht der Föhn –
Ewig jung ist nur die Sonne!
Sie allein ist ewig schön!

Heute steigt sie spät am Himmel
Und am Himmel sinkt sie bald,
Wie das Glück und wie die Liebe,
Hinter dem entlaubten Wald.

CONRAD FERDINAND MEYER

Ein Sonnenstrahl reicht hin,
um viel Dunkel zu erhellen.

FRANZ VON ASSISI

Glaube

Es kann nicht sein und kann nicht sein,
Dass dort nur blaue Leere webt,
Woher der süße Sternenschein
So tröstend nächtlich niederbebt!

Millionen Engel wachen dort
Und zünden allnachts Stück für Stück
Die Kerzen an, dass fort und fort
Der Mensch auch glaubt an Himmelsglück!

EMIL CLAAR

Glaube ist Wunderglaube,
Glaube und Wunder
absolut unzertrennlich.

ANSELM FEUERBACH

Ein winterliches Gedicht

Erst gestern war es, denkst du daran?
Es ging der Tag zur Neige.
Ein böser Schneesturm da begann
Und brach die dürren Zweige.
Der Sturmwind blies die Sterne weg,
Die Lichter, die wir lieben.
Vom Monde gar war nur ein Fleck,
Ein gelber Schein geblieben.

Und jetzt? So schau doch nur hinaus:
Die Welt ertrinkt in Wonne.
Ein weißer Teppich liegt jetzt aus.
Es strahlt und lacht die Sonne.
Wohin du siehst: Ganz puderweiß
Geschmückt sind alle Felder.
Der Bach rauscht lustig unterm Eis,
Nur finster stehn die Wälder.

ALEXANDER PUSCHKIN

Liebt die ganze Schöpfung –
jedes Blatt und jeden Sonnenstrahl!
Wenn ihr das tut, werden sich euch
die Geheimnisse des Göttlichen offenbaren.

FJODOR DOSTOJEWSKI

Weihnachtszeit

O schöne, herrliche Weihnachtszeit,
Was bringst du Lust und Fröhlichkeit!
Wenn der heilige Christ in jedem Haus
Teilt seine lieben Gaben aus.

Und ist das Häuschen noch so klein,
So kommt der heilige Christ hinein,
Und alle sind ihm lieb wie die Seinen,
Die Armen und Reichen, die Großen
Und Kleinen.

Der heilige Christ an alle denkt,
Ein jedes wird von ihm beschenkt.
Drum lasst uns freu'n und dankbar sein!
Er denkt auch unser, mein und dein.

HEINRICH HOFFMANN VON FALLERSLEBEN

Advent und Weihnachten
ist wie ein Schlüsselloch, durch das
auf unsren dunklen Erdenweg
ein Schein aus der Heimat fällt.

FRIEDRICH VON BODELSCHWINGH

Der Abend kommt

Der Abend kommt von weit gegangen
Durch den verschneiten, leisen Tann.
Dann presst er seine Winterwangen
An alle Fenster lauschend an.

Und stille wird ein jedes Haus;
Die Alten in den Sesseln sinnen,
Die Mütter sind wie Königinnen,
Die Kinder wollen nicht beginnen
Mit ihrem Spiel. Die Mägde spinnen
Nicht mehr. Der Abend horcht nach innen,
Und innen horchen sie hinaus.

RAINER MARIA RILKE

Nicht ein Flügelschlag ging durch die Welt,
Still und blendend lag der weiße Schnee,
Nicht ein Wölklein hing am Sternenzelt,
Keine Welle schlug im starren See.

GOTTFRIED KELLER

Weihnachtsmarkt

Welch lustiger Wald um das hohe Schloss
Hat sich zusammengefunden,
Ein grünes bewegliches Nadelgehölz,
Von keiner Wurzel gebunden!

Anstatt der warmen Sonne scheint
Das Rauschgold durch die Wipfel;
Hier backt man Kuchen, dort brät man Wurst,
Das Räuchlein zieht um die Gipfel.

Der eine kauft ein bescheidnes Gewächs
Zu überreichen Geschenken,
Der andre einen gewaltigen Strauch,
Drei Nüsse daran zu henken.

GOTTFRIED KELLER

Der Mensch ist
zur Freude geboren.

BLAISE PASCAL

Noch ist Herbst

Noch ist Herbst nicht ganz entflohn,
Aber als Knecht Ruprecht schon
Kommt der Winter hergeschritten,
Und alsbald aus Schnees Mitten
Klingt des Schlittenglöckleins Ton.

Und was jüngst noch, fern und nah,
Bunt auf uns herniedersah,
Weiß sind Türme, Dächer, Zweige,
Und das Jahr geht auf die Neige,
Und das schönste Fest ist da.

Tag du der Geburt des Herrn,
Heute bist du uns noch fern,
Aber Tannen, Engel, Fahnen
Lassen uns den Tag schon ahnen,
Und wir sehen schon den Stern.

THEODOR FONTANE

Weihnachten ist eine Brücke
zu den Herzen der Menschen.

CAROL ANN HIERL

Ein kleines Lied!

Ein kleines Lied!
Wie geht's nur an,
Dass man so lieb es haben kann,
Was liegt darin? Erzähle!

Es liegt darin ein wenig Klang,
Ein wenig Wohllaut und Gesang
Und eine ganze Seele.

MARIE VON EBNER-ESCHENBACH

Das ist das Wesen der Musik,
dass sie die Seele zur Harmonie
des Weltalls stimmt.

PYTHAGORAS VON SAMOS

Der Kirchthurm ragt –
Und wie in Frost erstarrt sind die Geräusche.
Da rieselt von überladenen harten Fichtennadeln
Harter Schnee in Klümpchen ab.
Dann wieder Stille, Stille, Stille.
Und der Dichter sagt:
»Ich höre die Symphonien der Stille!«

PETER ALTENBERG

Zufriedenheit ist ein stiller Garten,
in dem man sich ausruhen kann.

ERNST FERSTL

Der Eislauf

Was kümmert uns die Kälte?
Was kümmert uns der Schnee?
Wir wollen Schlittschuh laufen,
Wohl auf dem blanken See.

Da sind wir ausgezogen
Zur Eisbahn also bald,
Und haben uns am Ufer
Die Schlittschuh angeschnallt.

Das war ein lustig Leben
Im hellen Sonnenglanz!
Wir drehten uns und schwebten,
Als wär's ein Reigentanz.

HEINRICH HOFFMANN VON FALLERSLEBEN

Das Vergnügen ist die Verpackung des Glücks.

THOMAS CLAYTON WOLFE

Schneeflöckchen, Weißröckchen

Schneeflöckchen, Weißröckchen,
Da kommst du geschneit;
Du wohnst in den Wolken,
Dein Weg ist so weit.

Komm, setz dich ans Fenster,
Du lieblicher Stern;
Malst Blumen und Blätter,
Wir haben dich gern.

Schneeflöckchen, du deckst uns
Die Blümelein zu;
Dann schlafen sie sicher
In himmlischer Ruh'.

NACH HEDWIG HABERKERN

Die Natur ist voller Genie, voll Göttlichkeit, so dass auch nicht eine Schneeflocke ihrer formenden Hand entgeht.

HENRY DAVID THOREAU

Schenken

Schenke groß oder klein,
Aber immer gediegen.
Wenn die Bedachten die Gabe wiegen,
Sei dein Gewissen rein.

Schenke herzlich und frei.
Schenke dabei, was in dir wohnt
An Meinung, Geschmack und Humor,
So dass die eigene Freude zuvor
Dich reichlich belohnt.

Schenke mit Geist, ohne List.
Sei eingedenk,
Dass dein Geschenk
Du selber bist.

JOACHIM RINGELNATZ

Es ist schön, den Augen dessen zu begegnen,
dem man soeben etwas geschenkt hat.

JEAN DE LA BRUYÈRE

Weihnachtsgedanken

Du Weihnachtsbaum! Du Freund aus Kindertagen!
Blickst du uns wieder strahlend ins Gesicht?
Ich weiß, was deine stumme Sprache spricht,
Was Nadelduft und Lichterglanz mir sagen.
Denn was die Zeit an Leid und Glück verschlang,
Was längst versunken im vergangnen Dunkel,
Das tönt herauf beim Weihnachtsglockenklang,
Das blitzt ins Auge uns dein Sterngefunkel!
Das zieht, wie leise Schatten eines Traumes,
Ins Herz zurück beim Glanz des Weihnachtsbaumes!

ADALBERT VON HANSTEIN

Die Glocken läuten,
Der Mensch öffnet die Seele,
Besinnung tritt ein.
ERHARD HORST BELLERMANN

Im Advent

Horch! Was klirrt an Thür und Fenstern,
Horch! Was rieselt durch den Wind?
Seid nur ruhig, vor Gespenstern
Fürchtet sich kein frommes Kind;
Nur der Englein Flügelrauschen
Hört es wachend und im Traum,
Nur dem Christkind gilt sein Lauschen
Mit dem schönen Weihnachtsbaum.

Christkind naht aus stillen Tritten
Morgens, abends, für und für,
Horchet auf der Kinder Bitten
Draußen vor der Stubenthür;
Was es ihnen möge bringen
Schönes, Gutes allerlei,
Doch es fragt vor allen Dingen,
Wer da gut und artig sei?

KARL RUDOLF HAGENBACH

Auch ist mir kein Weihnachten,
wo es auch war, vergangen,
ohne dass es hinter meinen
geschlossenen Augen für
eine Sekunde unbeschreiblich
hell wurde.

RAINER MARIA RILKE

Advent

Schwebe hernieder,
Heilige Nacht,
Leuchte uns wieder,
Stern voller Pracht.

Greif in die Saiten,
Himmlischer Chor:
Schönste der Zeiten,
Steige empor!

CLARA FORRER

Schöpfer, deine Herrlichkeit
Leuchtet auch zur Winterzeit
In der wolkenlosen Luft,
In dem Schnee, im Reif und Duft.

JOHANN KASPAR LAVATER

Knecht Ruprecht

So nehmet denn Christkindleins Gruß,
Kuchen und Äpfel, Äpfel und Nuss;
Probiert einmal von seinen Gaben,
Morgen sollt ihr was Besseres haben.
Dann kommt mit seinem Kerzenschein
Christkindlein selber zu euch herein.
Heut hält es noch am Himmel Wacht;
Nun schlafet sanft, habt gute Nacht.

THEODOR STORM

Ich werde Weihnachten
in meinem Herzen ehren
und versuchen,
es das ganze Jahr hindurch
aufzuheben.

CHARLES DICKENS

Christnacht

Wieder mit Flügeln, aus Sternen gewoben,
Senkst du herab dich, o heilige Nacht;
Was durch Jahrhunderte alles zerstoben –
Du noch bewahrst deine leuchtende Pracht.

Ging auch der Welt schon der Heiland verloren,
Der sich dem Dunkel der Zeiten entrang,
Wird er doch immer aufs Neue geboren,
Nahst du, Geweihte, dem irdischen Drang.

Selig durchschauernd kindliche Herzen,
Bist du des Glaubens süßester Rest;
Fröhlich begangen bei flammenden Kerzen,
Bist du das schönste, das menschlichste Fest.

FERDINAND VON SAAR

Weihnachten –
Es war immer
mein schönstes Fest.
THEODOR STORM

Weihnachten – mein schönstes Fest

Autorin:
Ursula Kohaupt.

Bildnachweis:
Cover, S. 49: Westend61 - Hans Huber/Brand X Pictures/Getty Images; S. 3, 5, 7, 9, 15, 17, 19, 21, 25, 31, 33, 41, 43, 45, 47: iStockphoto/Thinkstock; S. 11: Marina Grau/fotolia; S. 13: Ingram Publishing/Thinkstock; S. 23: iStockphoto/Moncherie; S. 27: Fotimmz/fotolia; S. 29: Ricardo Reitmeyer/E+/ Getty Images; S. 35: YinYang/Vetta/Getty Images; S. 37: Erkki Makkonen /E+/ Getty Images; S. 39: photodisc/Thinkstock; Hintergründe: rotes Karomuster: Ruth Black/shutterstock; Knitterfolie: Ambient Ideas/shutterstock; Leinen: Miro Novak/shutterstock

Layout:
Gramisci Editorialdesign, Stefanie Wawer

Textnachweis:
Wir danken allen Autoren bzw. deren Erben, die uns freundlicherweise die Erlaubnis zum Abdruck von Texten erlaubt haben.

Idee und Konzept:
GROH Verlag.
Printed in China.

ISBN 978-3-8485-1199-0

147002-5751-01

Ein Lächeln schenken

Geschenke sollen ein Lächeln auf Gesichter zaubern und die Welt für einen Moment zum Stehen bringen. Für diesen Augenblick entwickeln wir mit viel Liebe immer neue GROH-Geschenke, die berühren.

In ihrer großen Themenvielfalt und der besonderen Verbindung von Sprache und Bild bewahren sie etwas sehr Persönliches.

Den Menschen Freude zu bereiten und ein Lächeln zu schenken, das ist unser Ziel seit 1928.

Ihr